즐거운 학교 생활을 위한 **1학년**

체험동화

특별 교실

즐거운 학교 생활을 위한

1학년 체험동화 특별 교실

2011년 2월 15일 초판 1쇄 펴냄

펴낸곳 | ㈜ 꿈소담이
펴낸이 | 김숙희
글 | 이동태
그림 | 신나경

주소 | 136-023 서울특별시 성북구 성북동 1가 115-24 4층
전화 | 747-8970 / 742-8902(편집) / 741-8971(영업)
팩스 | 762-8567
등록번호 | 제6-473(2002. 9. 3)

홈페이지 | www.dreamsodam.co.kr
전자우편 | isodam@dreamsodam.co.kr

ISBN 978-89-5689-729-5 74810
     978-89-5689-725-7 74810 (세트)

● 책 가격은 뒤표지에 있습니다.
● 꿈소담이의 좋은 책들은 어린이와 세상을 잇는 든든한 다리입니다.

즐거운 학교 생활을 위한

1학년 체험동화

특별 교실

글 이동태 | 그림 신나경

소담 주니어

"1학년이 참 좋다!"라고 소리치게 되기를

초등학교는 유치원과 다른 것이 많아요.

학교 건물도 고래등 같고, 교실도 층마다 줄지어 있어요. 교실에는 유치원처럼 반 표찰이 붙어 있지만, 그렇지 않은 것도 있어요. 과학실, 컴퓨터실, 도서실, 방송실 같은 것 말이에요.

유치원에는 없는 교실이 왜 이렇게 많을까요? 그건 공부를 잘하기 위해서 있는 것이랍니다. 여러 가지 공부를 재미있게 하기 위해서지요.

초등학교는 어린이들이 배우는 교과서가 많아요.

1학년이 배우는 교과서는 우리들은 1학년, 국어 듣기 · 말하기, 국어 읽기, 국어 쓰기, 수학, 수학 익힘책, 바른 생활, 생활의 길잡이, 슬기로운 생활, 즐거운 생활 등 10가지예요. 1학기 교과서와 2학기 교과서를 합치면 19권이나 되지요.

유치원에는 없는 교과서가 왜 이렇게 많을까요? 그건 여러 가지 필요한 공부를 즐겁게 하기 위해서 그런 것이랍니다.

교과서가 많고, 공부 시간이 많기 때문에 학교생활을 싫어하는 어린이가 있어요.

교과서나 준비물을 빠뜨리고, 공부 시간에 집중을 하지 않고, 발표하는 것을 두려워하고, 일기를 쓰기 싫어하고, 숙제를 하지 않고, 지켜야 할 규칙을 잘 지키지 않고, 친구들과도 잘 어울리지 못하는 어린이가 그런 어린이예요.

초등학교 준비를 미리 잘한 어린이는 그렇지가 않아요. 모든 것을 척척 잘해요. 그래서 칭찬받아요.

이 동화에 나오는 은비가 바로 그런 어린이지요.

은비는 웃는 모습이 천사처럼 예뻐요.
웃는 모습처럼 행동하는 모습도 예뻐요.
은비는 무엇이든지 바르게 해요. 그리고 자기가 할 일은 선생님이나
어머니께서 시키지 않으셔도 스스로 척척 해요.
그래서 은비는 언제나 선생님께 칭찬을 받아요.
'규칙 왕 선발 대회'를 할 때, 은비는 '규칙 대왕'으로 뽑혀 왕관을
썼어요. 아이들이 은비를 뽑아 주었기 때문이에요.
'규칙 대왕'으로 뽑힌 은비는 1학년이 재미있다며 더 열심히 공부했
어요. 학교생활에서 지켜야 할 규칙도 더 잘 지켰어요.

'슬기로운 생활' 시간에 과학실에 가서 빵 조각에 핀 곰팡이를 실체
현미경으로 관찰할 때, 과학부인 은비는 아이들이 관찰을 잘하도록 도와
주었어요. 방송실에 가서 녹화를 할 때는, 푸름이가 인터뷰할 말을 적어
주어서 녹화를 잘할 수 있게 하였어요.
방송 시간에 푸름이네 모둠이 뽑혀 방송에 나오자, 공부하기 싫어하
던 푸름이는 좋아서 어쩔 줄 모르다가 "1학년이 참 좋다!"라고 소리쳤지
요. 그리고 미워하던 은비를 선생님께 칭찬하였지요.
여러분도 은비처럼 될 수 있어요. 모든 것을 바르게 스스로 척척 잘할
수 있어요. 초등학교 준비를 미리 하면 말이에요.
모든 어린이들이 선생님께 칭찬받고, '규칙 대왕'으로 뽑히고, 숙제
를 스스로 척척 하고, 공부 시간에 재미있게 공부하면서 "1학년이 참 좋
다!"라고 소리치게 되기를 바라요.

'규칙 대왕' 왕관

푸름이는 은비가 미웠어요. 이름 가지고 두 번이나 놀렸거든요.

은비랑 처음 짝이 되었을 때,

" '푸름아.' 라고 부르려니깐 이상해."

이러는 거예요.

오늘은 또,

" '푸름' 이란 이름 참 이상하다. 왜 '손푸름' 이지? 네

손은 살색인데……. ”

이러지 않겠어요?

푸름이는 은비를 돌아보며 톡 쏘아 주고 말았지요.

"너, 이름 예쁘다고 너무 그러지 마."

"아니야. 네 이름도 예뻐."

"그런데 왜 놀리고 그래?"

"갑자기 이상한 생각이 들어서 그랬어. 미안해, 푸
름아."

은비는 손바닥으로 머리를 톡톡 치는 시늉을 하며 살포시 웃었어요.

은비가 살포시 웃으면 천사같이 예뻐 보였어요. 아이들은 은비가 살포시 웃는 모습을 보면 신기한 것을 발견한 것처럼 재잘거렸어요.

"은비 웃는 것 좀 봐!"

"너무 예뻐!"

"은비야, 유치원 때도 이렇게 웃었어? 아이들이 좋아했겠다."

선생님도 은비를 칭찬하셨어요.

"우리 은비는 살포시 웃는 모습도 예쁘고 이름도 예쁘지. 은비가 살포시 웃으면 우리 반에 은비가 내려. 아이들을 기쁘게 해 주는 꽃비 말이야."

"은비, 꽃비! 은비, 꽃비!"

아이들은 은비를 부러워하면서 합창을 하였어요.

"은비 내려라! 꽃비 내려라!"

손바닥으로 책상을 두드리면서 말이에요.

교실이 들썩거려도 푸름이는 잠자코 앉아 있기만 하였어요. 선생님께 칭찬받는 은비가 미워서 콧등을 찡긋거리면서요. 미운 마음이 생기거나 불만스러운 마음이 생길 때 푸름이는 콧등을 찡긋거리지요.

은비는 무엇이든지 바르게 하였어요. 자기가 할 일은 선생님이나 어머니께서 시키지 않으셔도 스스로 척척 하였어요.

'바른 생활' 시간이었어요. 선생님께서 칠판에 '우리 반 규칙 왕 선발 대회' 라고 쓰셨어요. 학교생활에서 지켜야 할 규칙을 제일 잘 실천한 사람을 뽑는 것이에요.

저요!!

저요~!

"우리 반에서 규칙을 제일 잘 실
천한 사람은 누구일까요? 여러분
이 뽑아 보세요."

선생님 말씀이 끝나기도 전에 아이들이 우르르 손을
들었어요.

"나예요, 나예요!"

"저예요!"

아이들은 모두 자기가 규칙 왕이 되고 싶어서 소리쳤어요.

"모두 자기가 규칙 왕이 되었으면 좋겠어요?"

"예!

선생님께서 귀를 막는 시늉을 하셨어요. 대답 소리가 너무나 컸기 때문이에요.

"규칙 왕이 되고 싶으면 정해진 규칙을 잘 실천해야 해요. 그래야 규칙 왕이 될 수 있어요. 모두 규칙 왕이 될 거예요?"

"예!"

아이들은 모두 규칙 왕이 되고 싶어서 또 대답을 우렁차게 하였어요.

"앞으로 우리 반 어린이 모두가 규칙 왕이 되었으면 좋겠어요. 그런데 지금도 규칙을 잘 지키는 사람이 있거

든요. 그런 어린이를 찾아서 칭찬해 보기로 해요. 칭찬

하고 싶은 친구와 함께 나오세요. 앞에 나와서 칭찬해

보세요.”

　선생님 말씀이 끝나자, 아이들은 모두 여기저기를 두

리번거렸어요. 누가 자기를 불러 내지 않을까 하고 살펴

보는 거지요.

　“나하고 함께 나가.”

　엉덩이를 들썩거리며 소리지르는 아이도 있었어요.

어떤 아이는,

"나! 나!"

하며 자기를 손가락으로 가리키기도 하였어요.

선생님께서 서로 칭찬받고 싶어하는 아이들을 둘러보시며 빙긋빙긋 웃음을 지으셨어요.

"나 말고 다른 사람을 생각해 보세요. 칭찬해 주고 싶은 사람이 있을 거예요. 정해진 규칙을 실천하여 바르게 행동하는 사람 말이에요."

그때였어요. 아이들이 우르르 한 곳으로 몰려갔어요. 은비가 앉아 있는 곳이었지요.

"은비야, 나가!"

"은비야, 나랑 함께 나가!"

"은비야, 내가 칭찬해 줄게."

아이들은 서로 은비를 잡아끌었어요.

은비가 일어나서 앞으로 나가자 아이들이 우르르 따라

나가서 에워쌌어요.

"선생님, 제가 칭찬할게요."

"제가 할게요, 선생님."

아이들은 서로 칭찬하려고 다투었어요.

"그럼 모두 칭찬하도록 하겠어요. 한 사람씩 바르게 서서 큰 소리로 칭찬해 보세요."

"은비는 정리를 잘합니다. 그래서 선생님께 칭찬을 받습니다."

"은비는 인사를 잘합니다. 선생님께도 인사를 잘하고, 친구들에게도 잘합니다."

아이들은 신 난 목소리로 은비를 칭찬하였어요.

그러나 푸름이는 아이들이 칭찬을 할 때마다 콧등만 찡긋거렸어요.

선생님께서,

"은비 말고 다른 사람도 칭찬해 보세요."

하고 말씀하셨어요.

"화장실이나 급식실에 가서 줄을 잘 서는 사람 있지요? 또, 복도에서 뛰지 않고 오른쪽으로 사뿐사뿐 걸어 다니는 사람 있지요?"

"선생님, 있어요!"

아이들은 줄지어 달려나와서 친구들을 칭찬하였어요.

"잘했어요! 남을 칭찬하는 사람은 자기도 칭찬받게 돼요. 이제 생활의 길잡이책을 꺼내서 내가 뽑고 싶은 '규칙 왕' 이름을 써 볼까요?"

선생님께서 생활의 길잡이책 10쪽을 실물화상기로 비추셨어요.

선생님을 따라 아이들이 책을 펼쳐서 '규칙 왕' 이름을 써 넣었어요.

우리 반 규칙 왕~!

인사 왕

소곤소곤 왕

줄서기 왕

규칙 대왕

사뿐사뿐 왕

아껴쓰기 왕

정리 왕

규칙 왕을 뽑고 난 뒤에, 선생님께서,

"규칙 왕을 뽑았으니 왕관을 씌워 주어야지."

하고 말씀하셨어요.

'인사 왕'으로 뽑힌 인수는 주황색 왕관을 썼어요.

'줄 서기 왕'으로 뽑힌 보라는 금색 왕관을 썼어요.

맨 끝에 나간 은비는 '규칙 대왕' 왕관을 썼어요. 아이

들이 '짝짝짝' 교실이 떠나갈 듯이 손뼉을 쳤어요.

‘규칙 대왕’으로 뽑힌 은비는 1학년이 재미있다며 더 열심히 공부하였어요. 규칙도 더 잘 지켰지요.

푸름이는 그런 은비를 본받으려고 하지 않고 1학년이 재미없다고 투덜대었어요.

그러면서 유치원 때 하던 버릇대로 하려고 하였어요. 점심시간에 급식실에 가서는 식판을 받아 머리에 이며 장난을 쳤어요. 쉬는 시간에는 살을 뺀다면서 복도 계단을 뛰어서 오르내렸어요. 그러다가 선생님께 야단을 맞았지요.

공부 시간에도 푸름이는 장난을 쳤어요.

‘즐거운 생활’ 시간이에요.

"남생이 등딱지를 만들어 등에 메고 재미있는 놀이를 할 거예요."

아이들은 선생님께서 나누어 주시는 마분지를 받아 그림을 그렸어요. 먼저 남생이의 몸체를 그렸어요. 둥그렇게 그렸어요.

그런 다음 즐거운 생활 책 10쪽을 보면서 등딱지 무늬를 그렸어요.

"남생이 등딱지 무늬를 그린 사람은 색칠을 하세요. 알록달록 예쁘게 색칠해 보세요."

아이들은 얼른 크레용을 꺼내어 색칠을 하였어요. 알록달록 예쁘게 색칠을 하였어요. 은비는 벌집처럼 색칠을 하여 더 예쁘게 보였어요.

은비가 만든 남생이 등딱지를 보고 푸름이는 콧등을 찡긋거렸어요. 또,

심통이 난 것이지요.

"등딱지를 다 만든 사람은 가지고 나오세요."

선생님께서 말씀하시자, 은비가 발딱 일어나 나갔어요.

선생님께서는 아이들이 가지고 나온 등딱지를 검사하시고 구멍을 뚫어 주셨어요.

은비는 숭숭 뚫린 구멍에 고무줄을 다는 것도 제일 먼저 하였어요.

"고무줄을 단 사람은 화장실에 갔다 오세요."

은비가 등딱지를 등에 메 보려다가 화장실에 갔어요. 푸름이는 화장실 가고 싶은 시늉을 하다가, 파란색 크레용을 집어 들었어요. 은비가 만든 등딱지에 '바보'라고 썼어요.

화장실에 갔다 온 은비는 아무것도 모르고 등딱지를 등에 멨어요.

"은비야, 너, 바보야?"

아이들이 깔깔대며 웃었어요.

동물과 식물의 탈을 만들어 쓰고 놀이를 할 때도 푸름이는 장난을 쳤어요.

은비는 꽃 탈을 만들었어요. 장미꽃 탈을 예쁘게 만들었지요.

푸름이는 도깨비 탈을 만들었어요. 미운 아이 잡아먹는 도깨비라며 입을 커다랗게 그렸어요. 그러고는 빨간색 색종이로 혀를 길게 오려서 입에 척 붙였어요.

도깨비 탈을 머리에 쓰니 푸름이가 도깨비가 된 것 같았어요.

"무서워!"

은비가 몸을 옴츠리자,

"아앙!"

푸름이가 도깨비 소리를 내며 달려드는 시늉을 하였어요.

"엄마야! 푸름아, 다른 아이들한테도 무섭게 해 봐."

푸름이는 다른 아이들한테도 도깨비 소리를 내며 달려

드는 시늉을 하였어요. 체육관에 가서는 폴짝폴짝 뛰면

서 도깨비 흉내를 내었지요.

"우리 모두 푸름이처럼 해 볼 거예요."

선생님께서 웃으며 말씀하시자, 아이들 눈이 동그래
졌어요.

"뭐예요?"

"도깨비 흉내를 내라는 거예요?"

"푸름이처럼 자기가 쓴 탈의 특징을 살려 움직여 보는
거예요. 마음껏 흉내 내어 보세요. 자기가 쓴 탈과 같은
식물이나 동물이 되어서 움직여 보세요."

갑자기 체육관 안이 시끌시끌해졌어요.

"크아앙!"

"어흐응!"

"꿀꿀꿀!"

동물 탈을 쓴 아이들은 동물들의 소리를 크게 내었어

요. 꽃 탈을 쓴 아이들은 고운 목소리로 노래를 불렀어요.

"무궁화 무궁화……."

"나리 나리 개나리……."

동물과 식물의 움직임을 흉내 내는 놀이를 한 뒤에, 짝을 지어 씨름 놀이를 하였어요.

먼저 게 씨름 놀이를 하였어요. 옆으로 가는 게 흉내를 내며 재미있게 하였어요.

닭싸움 놀이도 재미있게 하였어요.

돼지 씨름 놀이를 할 때는 은비가 푸름이의 짝이 되었어요. 푸름이는 기다렸다는 듯이 퉁퉁한 엉덩이를 쑥 내밀었어요. 그러더니 은비 엉덩이를 갑자기 세차게 쳐서 고꾸라지게 만들어 버렸지요.

'수학' 시간에는 또 어땠는지 아세요?

'백설 공주'에 나오는 일곱 난쟁이들이 울타리를 만드는 규칙을 공부할 때였지요.

"왕자가 들어오지 못하게 울타리를 단단하게 만들어야 돼. 백설 공주와 만나는 게 난 싫어!"

푸름이는 은비 책에 붙은 붙임 딱지까지 떼어서 엉뚱

한 데 다닥다닥 붙였어요.

또, 뺄셈식을 공부할 때는 토마토가 가지에 달려 있는 그림을 보고,

"나, 이 토마토 먹고 싶어. 다 따 먹어 버릴 테야."

하더니 토마토를 녹색 크레용으로 박박 칠해 버렸어요. 그러고는 배부르다며 배만 통통 두드리며 놀았어요.

쓰기 책에 나온 그림일기

어느 날이에요.

누리가 말하였어요.

"우리 반 은비가 책에 나왔어."

"어떤 책?"

"국어 쓰기 책 46쪽을 봐. 은비 그림일기가 나와 있어."

"우와아! 은비 짱이다!"

아이들은 은비의 그림일기가 국
어 쓰기 책에 나온 것을 보고 소리
쳤어요.

"내가 쓴 거 아니야. 내 그림
일기 아니란 말이야."

은비는 자꾸 아니라고 하였
어요.

"다 알아. 선생님이 책에 내 주신 거잖아."

"맞아! 선생님은 우리 반에서 은비를 제일 예뻐하셔."

아이들은 은비 말을 들으려고 하지 않았어요.

"선생님께 물어 봐. 조금 있으면 오실 테니까."

드르르르르!

마침 그때 선생님께서 문을 열고 들어오셨어요.

"무슨 일이에요? 왜 교실이 시끌시끌해요?"

"선생님, 아이들이 자꾸 저한테 이상한 말을 해요. 선생님이 말씀해 주세요."

은비가 살포시 웃으면서 말했어요.

"우리 예쁜 은비를 누가 놀렸어요?"

"선생님, 아니에요. 놀린 건 아니에요."

"그럼 뭐예요? 은비에게 무슨 말을 했어요?"

"선생님, 아이들이 제 그림일기가 쓰기 책에 나왔대요."

"아, 그거 은비 그림일기가 맞긴 하지."

선생님은 혼자 싱글벙글 웃으셨어요.

'거 봐, 맞잖아. 은비가 쓴 그림일기를 선생님이 쓰기 책에 내 주셨어. 선생님은 은비만 예뻐하신다니까. 치이!'

푸름이는 혼자 중얼거리며 콧등을 찡긋거렸어요.

은비가 쓴 그림일기는 이상했어요. 일기 내용과 그림이 맞지 않았어요. 요일과 날씨도 쓰지 않고, 일기 내용

도 엉터리였지요. 가장 잊혀지지 않은 일을 골라 써야

하는데, 날마다 되풀이하여 하는 일을 썼거든요.

'그런 일기를 책에 내다니, 부끄럽게.'

푸름이는 은비가 더 미워졌어요.

은비가 다음 날 쓴 그림일기는 달랐어요. 아마 선생

님이 고쳐 주셨나 봐요. 일기 내용과 그림이 딱 맞았거

든요.

일기 내용도 재미있었어요. 푸름이는 곰 인형과 같이

자고 싶었어요.

은비가 다음 날 쓴 그림일기를 보니, 푸름이도 그림일

기를 잘 써 보고 싶어졌어요. 푸름이는 학교가 끝나고

집에 가면 깔끔이하고 놀았어요. '깔끔이'는 동그랗고

납작하게 생긴 청소 로봇이에요.

"푸름아, 깔끔이 데려와."

어머니께서 이렇게 시키시면, 푸름이는 깔끔이로 청

소를 하였어요. 깔끔이를 틀어 놓고 이 방 저 방 따라다니며 청소를 하는 거지요.

깔끔이가 이 방 저 방 다니며 청소를 해서 깔끔해지면, 어머니는 또 자전거를 타라고 시키셨어요.

푸름이는 베란다로 가서 자전거를 탔어요.

"바깥에 나가서 자전거를 타면 위험하니까 집에서 타라고 사 왔어. 날마다 열심히 타면 살이 빠질 거야. 다리도 튼튼해질 테고."

어머니께서는 자전거를 사 온 날부터 타라고 시키셨어요.

푸름이는 골목길을 달리는 것처럼 신 나게 자전거를 탔지요.

어머니께서는 날마다 푸름이에게 딱 두 가지만 시키셨어요. 깔끔이를 데리고 청소하며 노는 것과 자전거를 타는 것 말이에요.

아이!

두 가지말고는 아무것도 못 하게 하셨어요. 게임도 못 하게 하고, 텔레비전도 못 보게 하셨어요.

그래서 푸름이는 그림일기를 쓸 때 날마다 똑같은 이야기만 썼어요. 날마다 깔끔이와 청소하며 놀고, 살을 빼려고 자전거만 타기 때문이지요.

곰팡이 관찰

여름 방학이 가까워지자, 아이들은 좋아서 싱글벙글 하였어요. 공부 시간에 '여름 방학에 할 일'을 신나게 발표하며 떠들어 대었어요. 그러나 푸름이는 시큰둥해 할 뿐이었어요.

"유치원 때도 여름 방학 했는데, 뭐. 유치원 땐 여름 방학이 더 길었다. 치이!"

하면서 혼자 콧등을 찡긋거렸지요.

'슬기로운 생활' 시간이에요.

여름철에 우리의 건강을 해치는 것을 알아보는 공부를 하였어요.

"여름철에 우리의 건강을 해치는 음식은 어떤 것이 있을까요? 조사해 온 사람 있어요?"

선생님께서 말씀하시자, 아이들이 손을 들었어요.

"상한 음식입니다."

"상한 과일입니다."

"풋과일입니다."

아이들이 차례대로 발표를 하였어요.

"그러면 상한 음식을 어떻게 구별할 수 있을까요? 상한 음식을 알아보려면 어떻게 하면 될까요?"

"냄새를 맡아 봅니다. 상한 음식은 냄새가 나기 때문에 알 수

있습니다."

"색깔을 살펴봅니다. 색깔이
변한 음식은 상한 음식입니다."

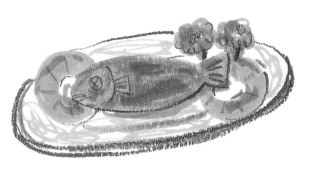

"음식물에 적혀 있는 유통 기
한을 살펴봅니다. 유통 기한이
지나면 음식물이 상합니다."

은비도 일어나서 발표를 하였어요. 은비는 조사 학습
지에 그림을 그려 왔어요. 빵에 곰팡이가 핀 그림이에요.

선생님께서 은비가 조사해 온 학습지를 실물화상기로
비추어 주셨어요.

"은비가 곰팡이가 핀 음식물을 잘 그려 왔어요. 곰팡
이가 핀 음식물을 보고 그린 것 같아요. 우리도 은비처
럼 곰팡이가 핀 음식물을 보도록 할까요?"

"예. 보여 주세요, 선생님."

아이들이 합창을 하듯이 한목소리로 말하였어요.

"알았어요. 그럼 과학실로 가도록 해요."

"와아, 과학실 간다!"

아이들은 좋아서 소리쳤어요.

과학실에는 아이들이 좋아하는 것이 많이 있거든요. 사람 해골 모형도 있고, 살아 있는 것 같은 동물 박제도 있고, 커다란 천체망원경도 있지요.

아이들은 방글방글 웃음을 띠며 선생님을 따라 과학실로 갔어요.

과학실에 들어서자, 아이들은 여기저기를 살폈어요. 여기저기로 몰려가기도 하였어요.

"모두 자리에 앉으세요. 모둠별로 앉는 거예요."

선생님께서 모둠 자리를 정해 주셨어요.

실험대 위에 현미경이 놓여 있었어요.

현미경 옆에는 곰팡이가 핀 식빵 조각이 놓여 있었어요. 샬레에 담겨 있었지요.

"곰팡이다!"

"우욱!"

아이들은 곰팡이가 핀 식빵 조각을 보고 토하는 흉내를 내며 얼굴을 찡그렸어요. 코를 움켜잡는 아이도 있었어요.

선생님께서,

"샬레에 담긴 식빵 조각을 실체현미경에 올려놓고 관찰해 보세요."

하고 말씀하셨어요.

아이들은 식빵 조각이 담긴 샬레를 만지려고 하지 않았어요. 손이 곰팡이에 닿을까 봐 겁을 내는 것이지요.

"내가 할게."

푸름이 모둠은 과학부인 은비가 나서서 관찰하는 것을 도왔어요.

은비는 샬레를 살그머니 올려놓았어요. 그러고는 접

안렌즈에 눈을 가까이 대고 관찰을 하였어요.

"은비야, 곰팡이가 보여?"

누리가 궁금해서 눈을 깜박거리며 물었어요.

"그래, 잘 보여. 이제 너희들도 봐. 한 사람씩 차례로

와."

아이들은 한 사람씩 현미경 앞으로 가 관찰을 하였어요.

"야, 잘 보인다!"

"크게 보여!"

아이들은 현미경을 들여다보면서 감탄을 하였어요.

"검푸르게 핀 곰팡이를 보니 징그러워!"

누리는 현미경을 들여다본 뒤 얼굴을 감쌌어요.

"빵에 잼 발라 놓은 것 같네. 먹고 싶다."

푸름이는 현미경을 들여다본 뒤 입맛을 다시는 시늉을 하였어요.

"꺄악!"

아이들이 소리를 질렀어요.

선생님께서 깜짝 놀라 달려오셨어요.

"왜 그래요? 무슨 일이에요?"

"푸름이가 이상해요, 선생님."

누리가 눈살을 찌푸리며 푸름이를 가리켰어요.

"푸름이가 어떻게 했는데?"

"곰팡이 핀 것을 보고 잼 발라 놓은 것 같대요."

"그러면서 먹고 싶대요."

"입맛을 쩝쩝 다셨어요."

아이들이 이르는 것을 듣고 있던 푸름이가,

"그거 진짜 아니야."

하고 말하는 것이었어요.

"푸름이가 일부러 그런 말을 한 모양이에요. 곰팡이가 핀 음식을 먹으면 안 되겠지요?"

"예!"

푸름이가 일부러 큰 소리로 대답을 하였어요. 아이들이 모두 웃었어요.

뒤쪽 모둠에서도 '꺄악!' 하는 소리가 들렸어요.

"저쪽 모둠에도 푸름이가 있나 보구나."

선생님께서 웃음을 띠시며 뒤쪽 모둠 쪽으로 가셨어요.

"이렇게 곰팡이가 핀 걸 먹으면 어떻게 될까?"

누리가 다시 현미경을 들여다보더니 말하였어요.

"토하겠지?"

"배탈이 날 거야."

"병에 걸려 입원해야 돼."

아이들이 한 마디씩 하였어요.

"여름에는 음식물에 곰팡이가 잘 핀대. 곰팡이가 핀
걸 모르고 먹으면 큰일 나."

은비가 과학부답게 말하였어요.

"한 번씩 더 볼래? 내가 곰

팡이가 더 잘 보이도록 해 줄게."

은비는 샬레를 내려놓고 식빵 조각을 잘게 뜯었어요.

"으, 더러워!"

푸름이가 갑자기 소리를 질렀어요.

아이들이 푸름이를 바라보았어요. 푸름이가 더럽다고
소리를 지르는 것이 이상했던 거예요.

"아까는 먹고 싶다고 하더니?"

"입맛을 쩝쩝 다셔 놓고는!"

아이들이 한 마디씩 쏘아붙였어요.

"진짜 아니라고 했잖아. 너희들은 먹을래?"

"우욱!"

아이들이 구토하는 시늉을 하였어요.

"우욱! 켁!"

푸름이도 구토하는 시늉을 하더니.

"은비야, 어서 손 씻어. 내 짝인데 나한테 곰팡이 날아

오겠다."

"응. 알았어."

은비는 실험대의 수도꼭지를 틀어 손을 씻었어요. 그러고는 손바닥으로 머리를 톡톡 치며 살포시 웃었어요.

은비를 바라보던 푸름이도 웃었어요. 은비가 좋아졌어요.

이틀 뒤입니다.

'슬기로운 생활' 시간에 선생님께서,

"다음 '슬기로운 생활' 시간에는 방송실에 가서 녹화를 할 거예요. 방송 놀이 할 준비를 해 오세요."

하고 말씀하셨어요.

"와아!"

아이들은 좋아서 소리를 지르다가 멈칫하였어요. 방

송 놀이 할 준비를 어떻게 하는지 몰라서예요.

"선생님, 방송 놀이 할 준비를 어떻게 하는 거예요?"

은비가 일어나서 여쭈어 보았어요.

"방송 놀이 할 준비를 어떻게 하는지 알려 주셔야죠."

다른 아이들도 말하였어요

"알림장 쓸 때 알려 줄 거예요."

"선생님, 지금 알려 주세요."

푸름이가 벌떡 일어나서 말하였어요.

그러자 아이들 모두가 합창을 하기 시작하였지요.

"지금! 지금! 지금!"

선생님께서 손가락을 입에 대시며 웃음을 띠셨어요.

"우리 반 어린이들 모두 방송에 나오고 싶은가 봐요."

"예!"

아이들은 교실이 떠나갈 듯이 소리를 질렀어요.

"그럼 지금 알려 줄게요."

선생님께서 슬기로운 생활책 82쪽을 실물화상기로 비

추셨어요.

"어린이들이 방송 놀이를 하고 있지요? 방송기자 어린

이가 마이크를 대 주니까, 다른 어린이가 얘기를 해

요. 아마도 의사 선생님 역할을 맡은 것 같

아요. 여름철에 차가운 음식을 많이

먹으면 배탈이 나기 쉽다고 얘기

하는가 봐요. 이렇게 하는 것을

무엇이라고 하나요?"

"인터뷰요."

아이들이 얼른 대답하자 선생님

눈이 동그래지셨어요.

"텔레비전을 많이 보나 봐요?"

"유치원 때 방송국 견학 가서 알아요."

"방송국에 가서 인터뷰하는 거 봤어요."

선생님께서 아이들 얘기를 들으시고 고개를 끄덕이시

더니 83쪽을 또 비추셨어요.

"방송 놀이를 하려면 무엇을 준비해야 할까요? 어떤

사람이 되어 말을 할지, 역할을 정해야겠지요? 또 무엇

을 정해야 할까요?"

"할 말이요."

"그래요. 말할 내용을 준비해야 해요. 방송 놀이를 재

미있게 하려면 소품도 준비해야겠어요."

"선생님, 소품이 뭐예요?"

"의사 선생님 역할을 하려면 청진기가 필요하겠지요?

또, 체육 선생님 역할을 하려면 호루라기와 공이 있어야 겠지요. 청진기와 호루라기, 공 같은 게 소품이에요."

"나, 체육 선생님 할 거야."

"난 의사 선생님 할 거야."

"영양사 선생님은 내가 할 거야."

아이들은 서로 자기가 좋아하는 역할을 맡겠다고 나섰 어요.

"모둠원끼리 의논해서 역할을 정하세요. 말할 내용 과 소품도 의논해서 준비하세요. 모둠원끼리 잘 도와 제일 잘한 모둠을 뽑아서 '아침 방송' 시간에 방송할 거예요."

선생님께서 말씀하시자, 갑자기 교실이 시끌시끌해지기 시작하였어요.

"우리 모둠이 뽑히도록 하자."

"우리 모둠이 뽑혀야 돼."

"우리 잘하자."

아이들은 모둠원끼리 서로 넘겨다 보면서 다짐을 하였어요. 새끼손가락을 구부려 들고 거는 시늉을 하기도 하였어요.

쉬는 시간 종소리가 울리자마자 아이들은 모둠끼리 모여 앉아 의논을 하였어요. 푸름이 모둠도 둘러앉아 의논을 하였어요.

푸름이는 의사 선생님 역할을 맡았어요.

인터뷰할 때 말할 내용을 은비가 공책에 써 주었어요.

푸름이는 공부를 마치고 집에 오자마자 연습을 하였어요.

공책을 펴 놓고 혼자 연습을 하는 푸름이를 본 어머니는 기뻐하셨어요.

"우리 푸름이가 공부에 재미를 붙였나 봐!"

"엄마, 오늘은 깔끔이 데려오라고 하지 마세요."

"그러마."

"자전거 타는 것도 시키지 마세요."

"알았어. 우리 푸름이가 갑자기 달라졌네! 누구 때문일까?"

어머니께서 푸름이를 바라보며 고개를 갸웃갸웃하시다가 부엌으로 가셨어요.

푸름이는 의자에 앉아서도 연습을 하고, 일어서서도 연습을 하였어요. 그러다가 아버지께 전화를 걸었어요.

"아빠, 퇴근하실 때 장난감 청진기 꼭 사 오세요. 내일

가져가야 돼요. 안 가져가면 큰일 나요. 아셨죠?"

"알았어. 우리 푸름이가 갑자기 달라졌네! 준비물을 곧잘 빠뜨리더니 어쩐 일이지? 누구 때문일까?"

아버지께서도 고개를 갸웃갸웃하시는 것 같았어요.

다음 날, 아이들은 선생님을 따라 방송실에 갔어요.

앞쪽에 방송국처럼 아나운서가 앉아서 말하는 테이블이 있었어요. 천정에는 조명등이 많이 매달려 있었어요.

뒤쪽에는 커다란 텔레비전이 놓여 있었어요. 텔레비전 옆에 카메라 두 대가 세워져 있었지요.

선생님께서 조명등을 켜셨어요. 너무나 밝아서 눈이 부셨어요.

"한 모둠씩 나와서 녹화를 할 거예요. 1모둠부터 나오세요."

선생님께서 1모둠 아이들을 불러 내셨어요.

방송실 선생님이 오시자 녹화를 시작하였어요.

"의사 선생님, 안녕하
세요? 여름을 건강하고 안전
하게 지내는 방법을 말씀해 주
세요."

방송 기자 역할을 맡은 아이가 말하였어요.

"여름철에 덥다고 차가운 음식을 먹는 어린이들이 많
아요. 차가운 음식을 먹으면 배탈이 나기 쉬우니까 조심
해야 해요."

의사 선생님 역할을 맡은 아이가 어른 목소리 흉내를 내며 말하였어요. 말을 할 때 청진기를 자꾸 귀에 꽂으려고 하여서 웃음을 터뜨릴 뻔하였어요.

의사 선생님 역할을 맡은 아이가 한 뒤에는 일기 예보관 역할을 맡은 아이가 하였어요. 일기도를 벽에 붙여 놓고 텔레비전에 나오는 일기 예보관 흉내를 내며 말하였어요.

1모둠이 녹화를 마친 뒤에 2모둠이 녹화를 하였어요.

푸름이 모둠은 네 번째로 하였어요. 녹화를 할 때 조마조마하였지만 재미있었어요.

녹화를 마치고 나니 가슴이 두근거리기 시작하였어
요. '뽑히지 않으면 어떻게 하나?' 걱정이 되기 때문이
었지요.

아침 방송을 시작할 때도 가슴이 콩닥콩닥 뛰었어요.

"우리 모둠이 나오게 해 주세요."

기도를 하는 아이도 있었어요.

다른 반에서 녹화한 것도 방송에 나왔어요. 푸름이 반
에서는 푸름이네 모둠이 뽑혀서 나왔어요.

방송이 끝난 뒤에 푸름이는 좋아서 어쩔 줄 모르다가
그만 소리를 지르고 말았어요.

"야! 공부 재미있다. 유치원 공부하고 다르다. 1학년이
참 좋다!"

"1학년 공부 재미있지요?"

"예. 재미있어요!"

아이들이 입을 모아 합창을 하듯이 대답하였어요.

선생님께서 귀를 막는 시늉을 하시며 웃음을 띠셨
어요.

"무엇 때문에 재미있는 것 같아요?"

"특별 교실 때문에 더 재미있게 공부할 수 있는 것 같아요."

은비가 똑똑하게 말하였어요.

선생님께서 은비를 바라보며 놀라는 표정을 지으셨어요.

"'특별 교실'이란 말을 어떻게 알지?"

"선생님, 그거 우리도 알아요."

다른 아이들이 대답을 하였어요.

"모두들 아나 보구나. 우리 반에는 똑똑한 어린이들만 모인 것 같네."

"선생님, 우리들은 1학년책 배울 때 학교 한 바퀴 돌아보았잖아요. 그때 선생님이 가르쳐 주셨어요."

"그렇구나! 학교 한 바퀴 돌아볼 때 과학실에도 가 보고, 방송실에도 가 보고, 음악실에도 가 보았지."

"미술실에도 가 보고, 컴퓨터실에도 가 보았잖아요."

"도서실에도 갔어요, 선생님."

아이들이 다투어 가며 특별 교실 이름을 줄줄이 대는 것을 보고 선생님께서 입을 딱 벌리셨어요.

"우리 반 이름을 '똑똑이 반'이라고 해야 되겠어요. 특별 교실 이름을 선생님보다 더 잘 알고 있네요!"

"특별 교실이 좋으니까 그래요."

"맞아요. 특별 교실에서 공부하면 좋지요? 특별 교실은 우리들이 재미있고 즐겁게 공부하도록 해 주려고 있는 거예요."

"선생님, 날마다 특별 교실에 가서 공부해요."

"그래요. 선생님, 만날 가요."

아이들은 또 합창을 하기 시작하였어요.

"만날! 만날! 만날!"

선생님께서 손가락을 입에 대시더니 손사래를 치셨어요.

"그건 안 돼요. 다른 반도 가야 하잖아요. 상급 학년은
더 많이 가야 해요. 공부 시간이 많으니까요."
"선생님, 녹화 또 안 해요?"
푸름이가 갑자기 소리쳤어요.
"2학기 때, '슬기로운 생활' 시간에 병원놀이를 하거

든요. 그때 또 녹화를 할 거예요. 영어실에 만들어져 있

는 병원에 가서 할 거예요."

　"야! 2학기 공부도 신 나겠다!"

　푸름이가 자기도 모르게 소리를 질렀어요.

그러더니 선생님께로 쪼르르 달려나가는 거예요.

"선생님, 병원놀이 할 때 은비를 의사 시켜 주세요. 저는 환자가 되어서 치료받을 거예요."

선생님께서 수줍은 듯이 말하는 푸름이를 바라보며 고개를 갸웃갸웃하셨어요.

"은비가 왜 의사가 돼야 하지?"

"은비는 친절해서 병을 잘 고쳐 줄 것 같아요. 제 병도 고쳐 주었잖아요. 은비를 미워하고, 공부하기 싫어한 병을요. 선생님, 꼭이에요."

선생님께서 푸름이를 꼬옥 안으시며 속삭이듯이 말씀하셨어요.

"우리 푸름이가 은비를 맞아서 더 푸르러지겠다!"

특별 교실 활용으로
교육 효과를 높여요

★ 특별 교실이란 무엇인가?

특별 교실은 학교의 일반 교실 이외에 특별히 설치한 교실을 말합니다.

학교 교육은 대부분 일반 교실에서 이뤄집니다. 좁은 교실 안에서 효과적인 수업을 하기 위해 여러 가지 시설을 하고, 교재 교구를 구비합니다.

강의식으로 주입식 교육을 하던 시절에는 칠판만 있어도 수업이 가능했습니다. 그러나 활동 위주의 학습과 체험 학습을 강조하는 교육 과정의 변천으로 인해 많은 교재와 교구와 기재가 필요하게 되었습니다. 그래서 교실이 매우 복잡해졌지요.

요즘은 교실마다 PC, VCR, 빔 프로젝터, 실물화상기, 스크린 등이 대부분 갖춰져 있습니다. 전자 칠판과 같은 첨단 시설을 갖춘 교실도 많습니다.

교실 측면에는 학급 문고와 학습 자료, 간단한 실험 기구 등을 갖춰 놓고 있습니다. 거기에 사물함과 식수 시설(정수기, 냉온수기 등)까지 갖춰 놓다 보니 교실이 여간 복잡하지 않습니다.

교실에 이런 시설을 갖춰 놓더라도 교육 과정이 요구하는 수업을 충실하게 이행할 수는 없습니다. 그래서 수업 지원을 받기 위한 시설을 늘려 가게 되는데, 이런 시설이 특별 교실인 것입니다.

좁은 교실에서는 교육 과정이 요구하거나 교과서에 제시된 학습 과제를 충실하게 해결하는 데 제약을 받지 않을 수 없게 됩니다. 공간이 부족하고, 자료가 빈약해서 의도하는 활동을 하기에는 어려움이 따를 수밖에 없는 것입니다.

예를 들면, 대상물을 현미경으로 관찰하는 수업이나 시약을 사용하여 실험하는 수업을 교실에서 하기에는 불편한 점이 많습니다. 실험대가 있고, 실험 기구가 잘 갖춰져 있는 과학실로 이동하여 수업을 하면 목표하는 효과를 만족스럽게 올릴 수 있습니다. 음악 수업을 할 때도 피아노와 풍금, 타악기, 리듬악기 등이 구비돼 있는 음악실에 가서 수업을 하면 학습 효과를 높일 수 있습니다. 컴퓨터 수업 같은 건 말할 필요도 없겠지요.

그러나 특별 교실이 다양하게 설치돼 있지 않거나, 설치돼 있더라도 학급수에 비해 수량이 적거나(60학급 학교에 과학실이 하나인 경우) 면적이 좁으면 필요할 때 용이하게 사용할 수 없게 됩니다. 또, 특별 교실이 있어도 필요한 자료가 구비돼 있지 않으면 활용의 의의가 줄어들게 됩니다.

특별 교실 시설이 잘 되어 있고, 특별 교실에서 수업이 활발하게 이뤄지면 교육의 질은 높아질 수밖에 없습니다. 특별 교실 활용을 많이 할수록 학습의 효과가 높게 나타나게 되지요.

학교 시설은 일반 교실, 관리실, 특별 교실, 부대 시설로 나눠집니다.

관리실은 교장실, 교무실, 행정실 등을 말합니다. 부대 시설은 관찰원, 사료관, 화장실 등을 말합니다. 관리실과 부대 시설을 제외한 시설이 일반 교실과 특별 교실이지요.

일반 교실은 학급수에 따라 정해집니다. 특별 교실도 학급수에 영향을 받습니다. 학급수가 적으면 과학실을 1실만 설치해도 됩니다. 그러나 학급수가 많으면 2실을 설치해야 활용하기가 용이해집니다. 활용 빈도가 높은 컴퓨터실 같은 경우도 마찬가지입니다.

특별 교실은 학교마다 설치 수량도 다르고, 설치 방법도 다릅니다. 그것은 지역 특성이나 학교의 교육 이념, 중점 교육 과제 등에 맞추어 설치하게 되기 때문입니다. 특별 교실의 명칭도 학교마다 같지 않습니다.

학교 설립별에 따라서도 종류와 명칭이 달라집니다. 공립 초등학교와 국립 초등학교, 사립 초등학교 중에서 사립 초등학교의 시설이 선진화되어 있기 때문에 특별 교실도 다양하게 설치가 돼 있고, 명칭도 그에 맞춰져 있습니다.

학교에 따라서는 특별 교실을 이렇게 세분하기도 합니다.

＊ 특별 교실 – 과학실 등 수업에 활용하는 교실

＊ 특활실 – 현악실 등 방과후학교 수업에 활용하는 교실

* 교육지원실- 방송실 등 교육을 지원하는 교실

특별 교실	주요 시설	활용
과학실	실험 기자재, 시약, 실험대	슬기로운 생활 및 과학 수업, 방과후학교 수업
컴퓨터실(멀티미디어실)	컴퓨터, 프린터, 빔 프로젝터	실과 및 방과후학교 수업
음악실	피아노, 오르간, 타악기, 리듬악기, 관악기	음악 및 방과후학교 수업
미술실	테이블, 이젤, 화구	미술 및 방과후학교 수업
어학실(영어실, 영어테마실)	TV, VCR, 영어학습기	영어 및 방과후학교 수업
오케스트라실	오케스트라 구성 악기	오케스트라 연주 연습
무용실	카세트 녹음기, 평균대, 무용복	체육 수업 및 방과후학교 수업
도서실	도서, 전자도서, PC, 전산시스템	각 교과 도서 활용 수업, 자유 독서
자료실	각종 교육 기자재, 학습 자료	수업 자료 대출
실과실	각종 전기구, 농기구, 공작 자료	실과 수업
가사실	주방 기구, 취사 도구	실과 수업
예절실	병풍, 화문석, 다기구	예절 교육
체육관	체육 시설 및 기구	체육 수업 및 방과후학교 수업
대연주실	무대, 피아노, 조명기, 음향 시설	오케스트라 연주회, 음악회, 음악콩쿨
시청각실	시청각 기재	시청각 교육
현악실	각종 현악기, 피아노, TV, VCR	방과후학교 수업
세미나실	스크린, 빔 프로젝터, TV, VCR	수련 교육 및 집회
서예실	서예 도구, TV, VCR	미술 및 방과후학교 수업
강당	무대, 스크린, 조명기, 방송 장비, 빔 프로젝터	학습 발표회, 학예 발표회, 음악 발표회, 방과후학교 발표회, 각종 대회 및 행사
에듀케어실	TV, VCR, 피아노	온종일 학교
상담실	상담 자료	교육 상담
보건실	신체 검사 기구, 의약품, 성교육 자료	치료, 간호, 신체 검사 및 체력 검사, 성교육
급식실(조리실)	취사 기구, 식단표, 식탁, 식판	급식 조리, 취식
발명 교실	TV, VCR, 빔 프로젝터, 발명품	방과후학교 수업
자료 제작실(수업 지원실)	각종 용지, 학습 도구	학습 자료 제작
인쇄실	인쇄기, 제본기, 용지	각종 유인물 및 시험지 인쇄
체육자료실	체육 기구 및 자료	체육 수업 및 체육 기자재 보관
보충학습실	TV, VCR, 빔 프로젝터, 스크린, 보충학습 자료	학습 부진아 지도

★ 특별 교실 활용 태도 지도는 이렇게 해 주세요

이동할 때

대개 쉬는 시간 끝에 이동을 하기 때문에 복도에 지나다니는 어린이들과 충돌하거나, 운동장에서 몰려 들어오는 어린이들과 뒤섞일 염려가 있습니다. 한눈을 팔지 않고, 줄을 이탈하지 않도록 해야 합니다.

휴대한 학습 준비물을 떨어뜨리지 않도록 하고, 이동하는 중에 화장실에 가지 않도록 해야 합니다. 만약 화장실에 가고 싶을 때는 특별 교실에 닿은 뒤에 선생님께 말씀드리고 가도록 해야 합니다.

이런 사항을 지키지 않으면 줄에서 이탈되어 찾지 못하고 헤매는 일이 생길 수 있습니다. 그러면 수업에 바르게 참여하지 못하게 되겠지요.

특별 교실에 가서

특별 교실에는 여러 가지 시설이 준비되어 있습니다. 그렇기 때문에 호기심이 생깁니다.

선생님의 허락 없이 특별 교실에 비치되어 있는 기자재, 작품, 자료 같은 것을 함부로 만지면 안 됩니다. 파손될 수도 있고, 떨어뜨릴 수도 있고, 잘못 작동될 수도 있기 때문이지요. 또, 손에 독성이 있는 물질이 묻을 수도 있기 때문에 조심해야 합니다.

특별 교실에서는 여기저기 헤치고 다니거나 뛰어다니거나 장난을 치면 안 됩니다. 선생님 지도에 따라 정해진 장소에서 활동을 하도록 해야 합니다.

수업 활동 중에

선생님의 지도에 따라서 활동하도록 해야 합니다. 지도 내용과 다르게 활동을 하거나 필요치 않은 것을 만지거나 활용하려고 하면 안 됩니다. 특히, 과학 실험 같은 건 순서에 따라 정확하게 하지 않으면 엉뚱한 결과가 나올 수 있기 때문에 주의해야 합니다.

장난을 치는 것은 물론 안 됩니다. 도서실에 갔을 경우에는 발걸음 소리도 크게 내면 안 되고, 걸상을 밀고 당기느라고 '삐걱' 소리가 나게 해서도 안 됩니다. 책장 넘기는 소리를 내거나 소리를 내어 음독을 해서도 안 되지요. 책장을 넘길 때 침을 발라서도 안 되고, 책을 다 읽지 않고 다른 책으로 바꾸려 해서도 안 되지요.

특별 교실에서 수업을 하거나 활동을 할 때 과정 하나하나가 평가되어 성적에 반영된다는 것을 염두에 두도록 해야 합니다. 선생님께서 수행 평가를 하는 것이지요.

수업 활동을 끝내고

특별 교실에서 수업이나 활동을 끝내게 되면 뒷정리를 깔끔하게 하도록 해야 합니다. 선생님께서 지도를 하시겠지만, 자료를 잘 정리하고, 기구를 제자리에 두고, 쓰레기를 떨어뜨리지 않았나 살펴보아야 합니다. 그리고 의자를 제자리에 밀어 넣은 뒤 조용히 퇴실하도록 해야 합니다.

특별 교실 수업은 어린이들에게 학습 흥미를 유발시켜 학습 의욕이 생기게 함으로써 학력이 향상되는 계기가 될 수 있습니다. 정해진 규칙을 잘 지켜 수업과 활동에 참여하면 학습 흥미가 더욱 커져 학력이 증진됩니다. 동화 속의 푸름이와 같이 변화될 수 있지요.

일주일 만에 끝내는 교과서 시리즈

공부를 잘하려면 어떻게 해야 하지?

1학년

2학년

동화로 배우는 신나는 교과서!

1. 일주일 만에 끝낸다!
월, 화, 수, 목, 금, 토, 일. 일주일 만에 학습의 핵심을 잡을 수 있습니다. 현행 교육 과정에 기초한 초등학교 교과 내용과 초등학생에게 꼭 필요한 교양 기초 상식 학습을 일주일 만에 끝낼 수 있도록 정리해 주었습니다.

2. 함정에서 탈출시킨다!
어린이들이 학교 수업에서 자주 빠지는 함정이 있습니다. 잘못 알고 있는 개념이 오답을 부르고, 이것이 공부에 자신감을 잃게 만듭니다. 시험에 속기 쉬운 오개념을 확실하게 잡아 주어 더 이상 함정에 빠지지 않도록 해 줍니다.

3. 입체적인 학습 효과!
[학습 만화 + 동화 + 문제]를 통해 재미없고 지루할 수 있는 학습을 재미있게 구현했습니다. 각 장의 도입 부분은 만화로 꾸며지고, 그 뒤에 재미있는 동화 한 편, 그리고 다시 복습할 수 있는 문제를 덧붙였습니다.

로운어린이교육연구회 기획 · 글 | 각권 11,000원

제대로 된 인성 교육은 삶의 가치를 바꾸어 놓습니다

바른 인성을 가진 아이가 밝은 미래를 이끌어 갑니다.
스스로 정의롭고 아름다운 인생을 가꿀 수 있는 방법을 가르쳐 주세요.

★한국문화예술위원회 선정 우수문학도서★
★어린이문화진흥회 선정 좋은 어린이 책★
★한우리 선정 굿북★

① 세상에서 제일 잘난 나(자신감)
② 꼴찌여도 괜찮아(끈기)
③ 먼저 손을 내밀어 봐(화해)
④ 달라진 내가 좋아(좋은 습관)
⑤ 너 때문에 행복해(배려)
⑥ 우리 반 암행어사(리더십)
⑦ 그래, 결심했어!(절제)
⑧ 강아지로 변한 날(고운 말)

각권 80쪽 내외 | 각권 8,000원